IMPORTANTS BIJOUX

ENRICHIS DE

Très belles Émeraudes

ET DE

RUBIS, SAPHIRS, PERLES & BRILLANTS

IMPORTANTS BIJOUX

ENRICHIS DE

Très belles Émeraudes

ET DE

RUBIS, SAPHIRS, PERLES ET BRILLANTS

IMPORTANTS BIJOUX

TRÈS BELLES ÉMERAUDES

APPARTENANT

A MADAME LA COMTESSE DE X..., A MONSIEUR ...
ET A MADAME M...

Carte d'Entrée à l'Exposition particulière

HOTEL DROUOT, SALLE N° 10

Le Mercredi 14 Décembre 1910, de 2 h. à 6 h.

COMMISSAIRE-PRISEUR	EXPERT
Mᵉ F. LAIR-DUBREUIL	**M. ROBERT LINZELER**
6, rue Favart, 6	rue d'Argenson

CONDITIONS DE LA VENTE

Elle sera faite au comptant.

Les acquéreurs paieront *dix pour cent* en sus des enchères.

L'exposition mettant le public à même de se rendre compte de la nature et de l'état des objets, aucune réclamation ne sera admise une fois l'adjudication prononcée.

Paris. — Imp. Georges Petit, 12, rue Godot-de-Mauroi. — 21057-10

CATALOGUE

DES

IMPORTANTS BIJOUX

Diadème — Devant de corsage — Bracelet — Broches, etc.

ENRICHIS DE

TRÈS BELLES ÉMERAUDES

ET DE

RUBIS, SAPHIRS, PERLES & BRILLANTS

Appartenant à Madame la Comtesse de X...

DE

TROIS BEAUX BRACELETS

MONTÉS D'ÉMERAUDES — RUBIS — SAPHIRS ET BRILLANTS

Appartenant à Monsieur ***

ET DE

BEAUX BIJOUX

Parure, Pendentif, Diadème, Bracelets, Broches, Colliers, Bagues et Boutons d'oreilles

ENRICHIS D'ÉMERAUDES, DE RUBIS, PERLES ET BRILLANTS

Appartenant à Madame M...

ET DONT LA VENTE AUX ENCHÈRES PUBLIQUES AURA LIEU

HOTEL DROUOT, SALLE N° 10

Le Vendredi 16 Décembre 1910, à deux heures

Me F. LAIR-DUBREUIL	M. ROBERT LINZELER
COMMISSAIRE-PRISEUR	EXPERT
6, rue Favart, 6	9, rue D'Argenson, 9

EXPOSITIONS

PARTICULIÈRE : *Le Mercredi 14 Décembre 1910, de 2 heures à 6 heures*

PUBLIQUE : *Le Jeudi 15 Décembre 1910, de 2 heures à 6 heures*

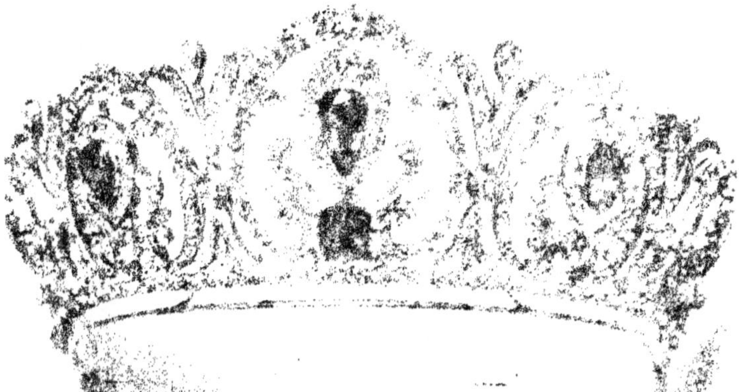

N° 2.

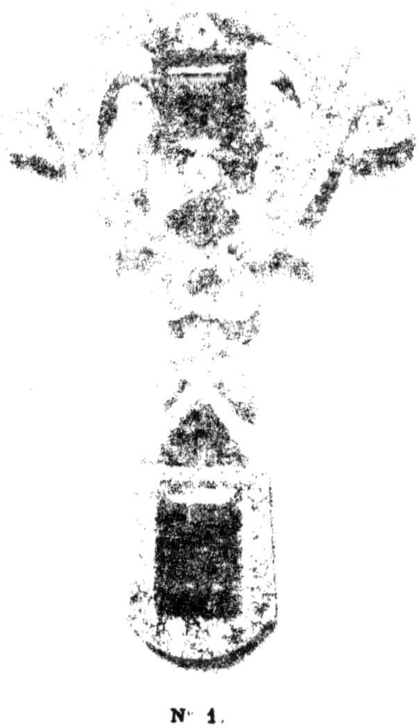

N° 1.

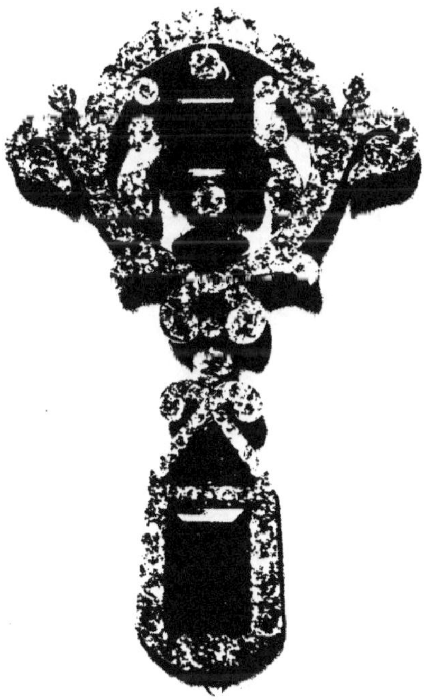

DÉSIGNATION

1° Bijoux appartenant à Madame la Comtesse de X...

1 — Grand devant de corsage composé de quatre très grosses et très belles émeraudes entourées d'ornements en brillants.

Poids de l'émeraude carrée du haut : 34 cts 1/8.
Poids de l'émeraude longue du bas : 33 cts 3/4 1/32.

2 — Très grand diadème formé de six émeraudes entourées d'ornements en brillants et en roses.

3 — Épingle formée d'une grosse émeraude entourée de brillants.

4 — Broche formée d'une rosace ornée au centre d'un très beau rubis entouré de brillants et supportant trois pendeloques en brillants.

5 — Devant de corsage formé d'une branche de feuillages ornés de dix perles bouton et d'une perle poire et pavés de brillants et de roses.

6 — Bracelet bandeau orné de quatorze perles bouton et d'ornements en brillants et en roses. Travail de la maison Boucheron.

7 — Broche formée d'une grosse perle et d'un gros brillant et ornée de brillants et de roses.

8 — Broche formée d'un gros saphir entouré de brillants.

9 — Broche formée d'un gros saphir cabochon entouré de brillants.

Poids du saphir cabochon : 20 cts 1/4 1/8 1/32.

10 — Broche formée d'un gros brillant carré, d'un brillant en poire et d'ornements en brillants et en roses.

11 — Broche formée d'une églantine tout en brillants et en roses.

12 — Broche en forme de flamme, ornée d'un gros brillant au centre et pavée de petits brillants.

Travail de la maison André Aucoc.

2° Bijoux appartenant à Monsieur ***

13 — Trois bracelets montés en or, formés :

1° De cinq émeraudes et six brillants.
2° De cinq rubis et six brillants.
3° De sept saphirs et six brillants.

Ces trois bracelets pourront être vendus séparément.

3° Bijou appartenant à Madame de X...

14 — Broche formée d'une barrette brillants sur laquelle est fixé un trèfle de trois perles poire supportant une grosse perle en forme de bouton, d'où pend une draperie de petits brillants supportant cinq pendeloques de perles poire.

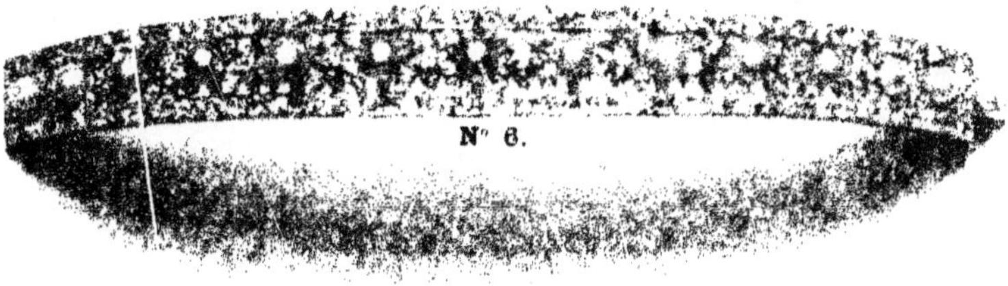

N° 6.

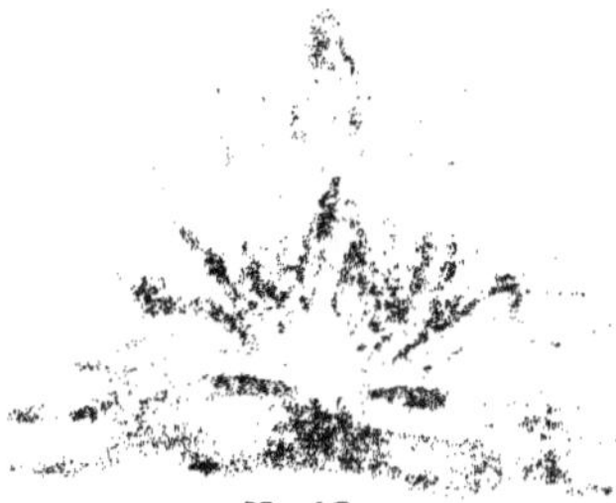

N 12.

N 7

N 9.

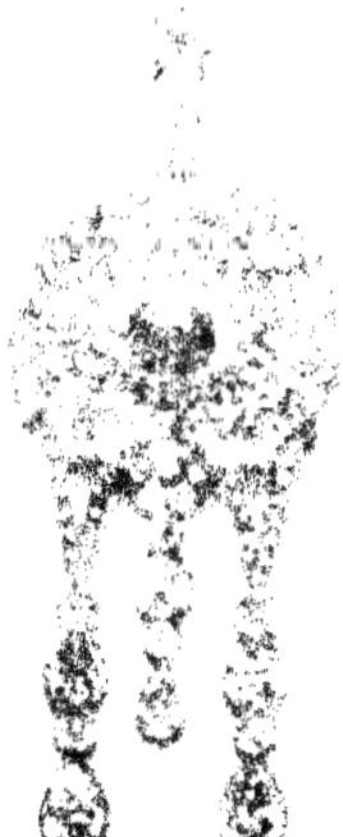

N° 4.

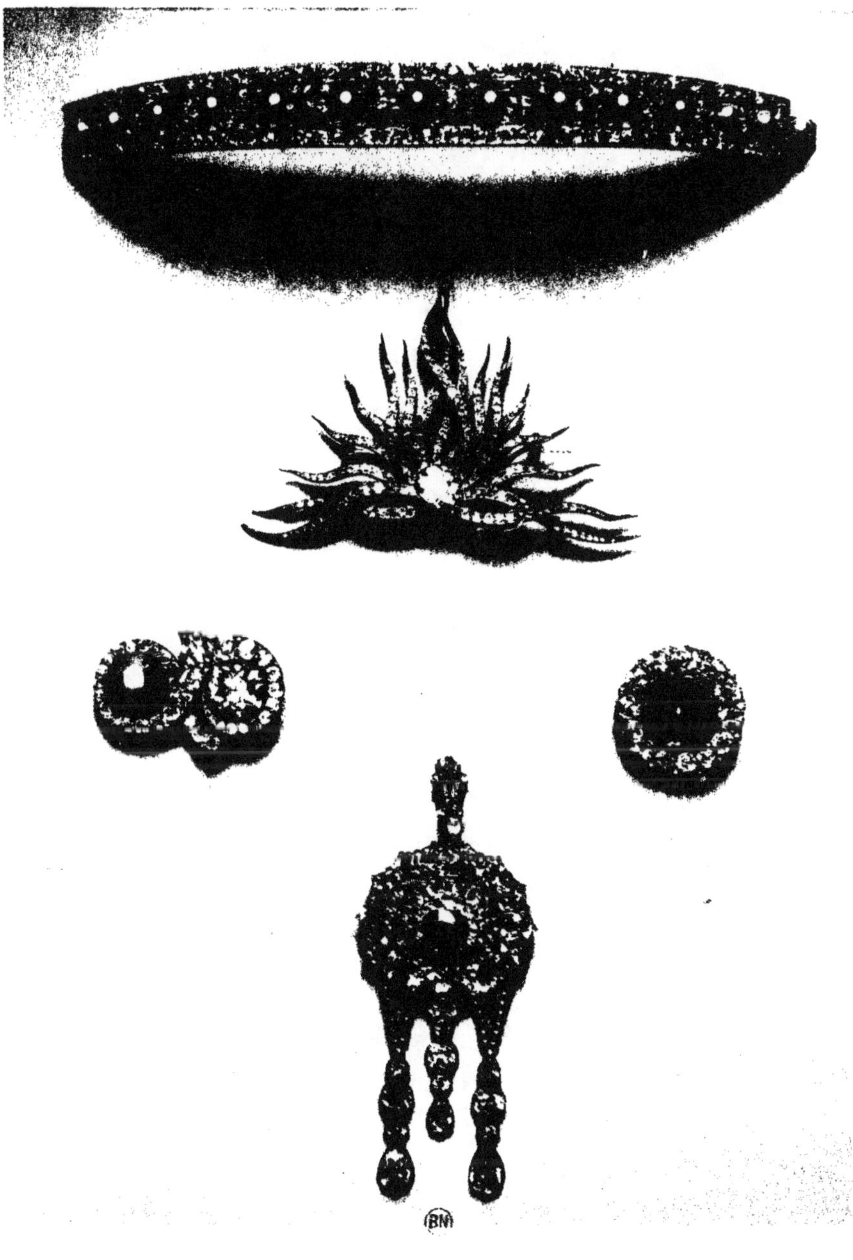

4° Bijoux appartenant à Madame M...

15 — Parure formée d'une armature ornée de brillants sur laquelle peuvent se monter :

1° Une fleur de lis en émeraudes et brillants et deux boutons d'oreilles émeraudes entourées de brillants.

2° Une fleur de lys rubis et brillants et deux boutons d'oreilles rubis entourés de brillants.

Ce lot pourra être divisé.

16 — Pendant formé d'une grosse émeraude entourée de quatorze brillants.

Poids de l'émeraude : 24 c^ts 1/2.

17 — Broche-barrette formée d'une émeraude rectangulaire et de quatre brillants.

18 — Deux bracelets formés chacun de sept entrelacs en brillants et de sept perles placées au centre de ces entrelacs.

Ce lot pourra être divisé.

19 — Deux colliers de chien formés d'une résille de perles et de brillants.

Ce lot pourra être divisé.

20 — Paire de boutons d'oreilles formés de deux perles grises.

21 — Petit diadème composé d'une émeraude et d'ornements pavés de brillants supportant un brillant en forme de poire.

22 — Épingle de coiffure formée d'un petit bandeau en brillants surmonté d'un gros brillant d'où partent deux plumes toutes pavées de brillants et terminées chacune par un gros brillant.

23 — Bague formée d'un gros brillant entouré de deux rubans entrelacés rubis et brillants.

24 — Bague formée d'une émeraude rectangulaire entourée de douze brillants.

25 — Bague croisée formée d'une émeraude carrée et d'un gros brillant ; brillants au corps.

26 — Bague formée d'une émeraude encadrée en hauteur de deux brillants.

27 — Bague formée d'une émeraude cabochon ; double entourage octogonal de petits brillants.

28 — Bague formée d'une perle grise entre deux petits brillants.

www.ingramcontent.com/pod-product-compliance
Lightning Source LLC
LaVergne TN
LVHW021530140926
848035LV00047B/1285